POESÍA COMPLETA

POESÍA COMPLETA

JANE AUSTEN

TRADUCCIÓN DE SOFÍA MONZÓN RODRÍGUEZ

Número 500 de la Colección VALPARAÍSO DE POESÍA
dirigida por FEDERICO DÍAZ-GRANADOS

Esta obra ha recibido una ayuda a la edición del Ministerio de Cultura

Diseño de colección y portada: Chari Nogales

Primera edición: diciembre de 2025

© De los poemas: Jane Austen
© De la introducción y la traducción: Sofía Monzón Rodríguez

© Diseño de portada: Plácida Verdejo, @placid.arch

© Valparaíso Ediciones
   C/ Fray Leopoldo, 7 bajo, 18014 Granada
   www.valparaisoediciones.es

   ISBN: 979-13-88007-18-7
   Depósito Legal: GR 1708-2025

   Impreso en España - *Printed in Spain*
   Gráficas Gami

POESÍA COMPLETA

INTRODUCCIÓN

En el año en que se conmemora el 250 aniversario del nacimiento de Jane Austen, autora de novelas como *Orgullo y prejuicio*, *Persuasión*, *Emma* o *Sentido y sensibilidad*, su obra poética ofrece una oportunidad singular para reconsiderar su legado literario desde una perspectiva menos transitada. La presente edición reúne por primera vez en español la totalidad de los poemas que se conservan de la escritora, textos que hasta hoy permanecían dispersos en cartas, ediciones críticas en inglés o en archivos familiares. Leerlos en traducción al español no es solo un gesto de rescate, sino también de celebración, pues nos brinda la posibilidad de escuchar una voz lírica que abarca desde sus tempranos versos y canciones hasta sus más tardías rimas. Rápidamente los lectores observarán cómo adentrarse en los poemas de Jane Austen es descubrir un registro distinto, más íntimo y jocoso, donde el ingenio, la ironía y la observación del mundo doméstico se despliegan con una naturalidad que anticipa su madurez novelística. Estos textos, escritos para el entorno familiar y apenas difundidos en vida, revelan una práctica poética que funciona como espacio de conversación y juego. Traducirlos por primera vez al español supone acercarse a una Austen menos custodiada por la posteridad del canon literario pero igualmente consciente de la palabra como forma de deleite.

Nacida el 16 de diciembre de 1775 en Steventon, Hampshire, hija de un clérigo anglicano y de una mujer procedente de la aristocracia rural inglesa, Jane Austen creció en un ambiente intelectual marcado por la lectura, la escritura epistolar y el humor doméstico. Su formación en el hogar, rodeada de sermones, relatos y comentarios familiares, la habituó a observar con precisión los gestos y las conversaciones cotidianas. De los siete hermanos que tuvo, su hermana Cassandra fue su interlocutora más constante y la primera lectora de su obra; a ella dirigió la mayoría de las cartas que hoy constituyen el testimonio más valioso de su vida privada y de su mirada crítica. Sin embargo, buena parte de esa correspondencia fue destruida o censurada tras su muerte, hecho que contribuyó a construir una imagen incompleta —y en ocasiones idealizada— de la autora. Durante más de un siglo, la crítica la describió como una escritora modesta y doméstica, representante de una Inglaterra moralmente puritana y rural. No obstante, bajo esa superficie late una conciencia aguda de las tensiones entre clase, género y deseo de independencia. Austen vivió entre los siglos XVIII y XIX, un periodo de profundas transformaciones sociales y literarias en Europa, también en lo que a la lengua inglesa se refiere. Aunque publicó su primera novela en 1811, su carrera fue breve: apenas seis años separan el éxito de *Sense and Sensibility* (*Sentido y sensibilidad*) de su muerte en 1817. En ese corto espacio de tiempo, su escritura consolidó una de las prosas más precisas y modernas de la literatura inglesa.

Si bien Austen no comenzó a escribir con fines económicos, sí alcanzó en vida cierto estatus de escritora profesional. Con la publicación de *Sense and Sensibility* (*Sentido y sensibilidad*) en 1811 y *Pride and Prejudice* (*Orgullo y prejuicio*) en 1813, experimentó la satisfacción de ver su trabajo circular y sostenerse materialmente: "me he escrito a mí misma hasta ganar doscientas cincuenta libras", confesaba con guasa en una carta a su hermano Frank. En un contexto en el que pocas mujeres podían vivir de la escritura, Austen encontró un delicado equilibrio entre vocación literaria y necesidad económica, siguiendo el modelo de autoras que admiraba, como Frances Burney o Maria Edgeworth. Su condición de mujer, sin embargo, la obligó a publicar de manera anónima. La firma "by a Lady" que aparece en sus primeras ediciones no solo respondía a una convención de modestia característica de la época, sino a una estrategia de protección y anonimato para no comprometer su respetabilidad y la de su familia. "By a Lady" no obstante, deja claro el género de la autora en cuestión. Esa tensión entre talento, clase y autonomía femenina se convierte en una de las claves narrativas y temáticas de sus novelas, donde el dinero, la herencia y el matrimonio funcionan como escenarios de negociación del deseo entre clase y género. Consciente de la fragilidad económica de su posición, Austen escribió hasta los últimos meses de su vida, trabajando en nuevos proyectos y demostrando una convicción inusual para su época: la de haber sido, ante todo, una escritora profesional.

Las seis novelas que conforman la obra de Jane Austen, junto con los fragmentos inacabados que dejó tras su muerte, se articulan en torno a una preocupación constante por el lenguaje. Para Austen, escribir era una manera de pensar la sociedad inglesa de su tiempo y de explorar sus códigos morales. En una época en la que la voz femenina se limitaba al ámbito doméstico, Jane convirtió el diálogo —ese espacio aparentemente trivial de conversación cotidiana— en su principal herramienta crítica. Sus personajes se definen por lo que dicen y por cómo lo dicen; el habla sustituye a la acción como motor narrativo. La descripción física es mínima, casi irrelevante: lo esencial está en la entonación, en la elección de una palabra o en la omisión de otra, hasta en la propia estructura y sintaxis con la que hace hablar a los diferentes personajes. Esa atención al ritmo natural del habla dota a su prosa de un carácter casi teatral, hecho de entradas, pausas y silencios, donde la cortesía y la ironía conviven en tensión constante. A través del discurso indirecto libre, Austen desarrolló una técnica narrativa sin precedentes en su tiempo: una voz que fluctúa entre narradora y personaje, permitiendo que el pensamiento íntimo se exprese con objetividad. Bajo la aparente ligereza de sus tramas amorosas se esconde una mirada profundamente ética. Sus novelas trazan un mapa minucioso de las tensiones sociales y morales de su época, explorando la relación entre lenguaje, conciencia y poder. En Austen, la palabra no funciona solo como medio de comunicación, sino como instrumento psicológico de acción y de juicio.

Esa sensibilidad lingüística —su atención al matiz, al gesto verbal y al tono moral— conecta directamente con su faceta poética. Los poemas de Jane Austen, cultivados desde la adolescencia y a lo largo de toda su vida, no buscan la posteridad, ni siquiera la publicación, pues nacen del ámbito doméstico y de la convivencia familiar. Con apenas doce o trece años, Jane comenzó a escribir versos, relatos y breves piezas teatrales reunidas posteriormente en sus tres volúmenes de *Juvenilia*. En esos textos iniciales ya se percibe su talento para la parodia y su oído excepcional para la conversación. Las composiciones poéticas que dedicó a familiares y amigos conservan ese tono de intimidad: son ejercicios de ingenio compartido, escritos para ser leídos en voz alta en sobremesas, paseos o reuniones familiares. En la casa de los Austen, el verso era un juego colectivo, una prolongación natural del humor cotidiano. De su madre, Cassandra Leigh Austen, heredó la costumbre del verso improvisado y el gusto por la sátira ligera. Ella misma componía charadas, adivinanzas y pequeñas composiciones rimadas, tradición que Jane continuó con ironía y refinamiento. También lo harían sus hermanos Cassandra y James. En tal entorno, la poesía no se concebía como un gesto solemne sino como una práctica de sociabilidad y familiaridad: una forma de afecto, ternura o parodia expresados a través de la rima.

La poesía de Jane Austen nace, así, de una economía de lo cercano, de la observación doméstica y de la complicidad familiar. En los poemas recogidos en esta edición se perfila una poética de la cotidianidad: la misma ironía y agudeza que caracterizan sus novelas, pero condensadas en breves piezas donde el lenguaje se emplea como gesto musical más que como discurso. Si en las heroínas de sus novelas el conflicto entre deseo y deber define la experiencia femenina, en sus versos la poeta se permite la libertad del guiño, transformando un enlace matrimonial, un noticia del periódico o un objeto trivial en un acto de ingeniosidad y lucidez. Más allá de la ternura doméstica que los inspira, sus poemas despliegan un abanico temático que combina humor familiar, amor, amistad, muerte y cotidianidad. Austen explora estos motivos desde un tono de ingenio íntimo o privado, donde la ironía se dirige a un círculo de interlocutores conocidos y la risa opera como código compartido. La autora convierte la poesía en una forma de *performance* doméstica, donde parodia y ternura coexisten con sorprendente equilibrio. En un mismo poema combina sátira con observación moral, burla afectuosa con empatía reposada, reafirmando la sutileza con la que entiende las emociones y los propios vínculos humanos.

Han pasado más de dos siglos desde que Jane escribiera estos poemas, cancioncillas y juegos de palabras y, sin embargo, su voz poética no ha tenido resonancia alguna en el ámbito hispánico. A diferencia de sus novelas —traducidas y adaptadas de forma prolífica desde la primera traducción que llegara a España (hablamos de *Persuasión* por Manuel Ortega y Gasset publicada en 1919)— su poesía ha permanecido dispersa en antologías inglesas y ediciones críticas completamente inaccesible para el lector en español. Como recuerda la investigadora Nieves Jiménez Carra en su estudio sobre las traducciones de las novelas de Austen en España, el "fenómeno Austen" ha sido amplio y sostenido en el último siglo, con centenares de ediciones de sus novelas y múltiples adaptaciones audiovisuales. No obstante, nunca se había incluido su obra poética. Esta ausencia puede deberse, en parte, a la naturaleza íntima y circunstancial de sus versos: piezas ocasionales, humorísticas o con referencias a chistes privados de la familia difíciles de trasladar fuera de su contexto. Sin embargo, en ellas late el mismo ingenio y agudeza que guía su prosa y, por lo tanto, su recuperación permite acceder a un registro fundamental de la escritura austeniana hasta ahora desconocido entre el público hispánico.

Traducir estos poemas implica tender un puente entre dos tradiciones poéticas: la inglesa de principios del siglo XIX y la hispánica contemporánea. En los versos de Austen, lo pequeño contiene lo universal. Un pañuelo de bolsillo bordado, un tónico como remedio para una jaqueca, un juego de cartas o un chascarrillo entre amigas adquieren densidad simbólica sin perder su ligereza. Por ejemplo, en "This Little Bag" (traducido en esta edición como "Esta bolsita"), dedicado a su amiga Mary Lloyd, la ternura se manifiesta en un gesto utilitario a través de un regalo material hecho por la autora, el cual va acompañado de un breve poema. En "Oh, Mr. Best, you're very bad" ("Oh, Míster Best, qué malo es usted"), el ingenio femenino se impone a la descortesía masculina con burla e ironía, incluyendo múltiples juegos de palabras y doble sentidos que suponen todo un reto traductológico. El propio nombre del protagonista, "Míster Best", genera un contraste irónico con el adjetivo "bad" (malo) del título, un juego de antítesis que resultaría difícil de reproducir en español sin perder su musicalidad. En esta traducción se optó por mantener el nombre en inglés, aunque también podría haberse vertido como "Señor Bueno" o incluso "Míster Bueno", lo cual habría reforzado el contraste entre "bueno" y "malo" a costa de alterar la rima y el ritmo. Poemas de tono elegíaco como "To the Memory of Mrs. Lefroy" ("A la memoria de la Sra. Lefroy") revelan una sensibilidad contenida que aborda la pérdida sin sentimentalismo. En "Ode to Pity" ("Oda a la compasión"), escrita a los dieciséis años, Austen parodia la lírica bucólica y pastoril de la época con una ironía precoz que ya anticipa su estilo narrativo. En todos ellos, la autora equilibra distancia e implicación, observando su mundo con ternura a la vez que lo dota de un rigor lingüístico que desactiva el exceso emocional y romántico para devolver al humor su dignidad estética y funcional. En esta edición se incluyen también algunos de los poemas más jocosos y desafiantes desde el punto de vista formal. Por ejemplo, poemas con rima precisa que exigieron suma creatividad métrica o acertijos con soluciones ocultas que no siempre funcionan al traducirse. En ellos, la rima y el ritmo se convierten en materia viva, en un juego entre sonoridad e ingenio que desafía cualquier trasvase literal o directo. Traducir estos textos supuso encontrar equivalentes que conservaran el juego verbal y la sorpresa del desenlace. El humor, el ritmo y la musicalidad son aquí inseparables, y su recreación en español requirió un equilibrio entre invención y fidelidad: no traducir palabra por palabra, sino recrear el placer del juego que se produce al leerlos en voz alta.

Como se entrevé, traducir la poesía de Jane Austen plantea desafíos muy distintos a los que sus novelas encierran. Frente al tono contenido de sus obras más conocidas, sus poemas exigen especial atención a un lenguaje evocativo, irónico y juguetón. En ellos, la rima, el ritmo y la musicalidad no funcionan como artificio estético, sino como prolongación de su ingenio con el fin de provocar risa, complicidad o afecto. En este sentido, la traducción no puede limitarse a la fidelidad léxica como tantas traducciones contemporáneas persiguen. Esta debe reproducir un efecto similar al guiño, la picardía y al espíritu burlesco que desprenden los versos de Jane Austen en su lengua primigenia. El trabajo de traducción de estos textos ha supuesto, ante todo, un ejercicio de escucha e interpretación. La voz que recorre estos poemas no busca imponerse, sino conversar. Su musicalidad es doméstica, rítmica pero irregular, más próxima a la cadencia del habla que a la métrica formal. Captar esa naturalidad en español ha exigido una aproximación flexible. En algunos casos, conservar la rima suponía perder el tono; en otros, una ligera adaptación devolvía al verso su ligereza original. Cada poema ha requerido una negociación distinta entre fidelidad en cuanto al sentido y a la forma.

Esta traducción no pretende pues domesticar o explicar el inglés de Austen, sino reproducir sus efectos. Se ha intentado preservar lo que podría llamarse su "temperamento moral", esa mezcla de ironía y compasión que atraviesa tanto su poesía como su narrativa. Los acertijos y charadas incluidos en esta edición —pequeños ejercicios de ingenio— plantean desafíos específicos al verterlos a una lengua romance. Son textos híbridos entre juegos de palabras y humor privado, donde el sentido literal y la broma se entrelazan. Se ha optado así por mantener su espíritu socarrón, adaptando referencias y ritmo para que el lector hispanohablante pueda disfrutar de la misma complicidad. Las decisiones de traducción han girado en torno a una doble pregunta ética: ¿cómo conservar la sencillez sin empobrecer la textura verbal? ¿cómo trasladar la ironía sin convertirla en mofa o burla? En este contexto, la traducción se convierte en un acto de mediación: no ya entre lenguas, sino entre sensibilidades y temporalidades.

Para facilitar la lectura, se incluyen pequeños fragmentos que contextualizan ciertos juegos poéticos, explicando a quiénes fueron destinados, qué referencias familiares encierran o las soluciones generalmente aceptadas para resolver dichas adivinanzas. Se busca así que el lector hispanohablante pueda experimentar la misma complicidad con la que fueron concebidos.

Desde una perspectiva traductológica, el propósito ha sido recrear —más que trasladar— las estrategias con las que Austen moviliza su humor y su sutileza cotidiana. Sus versos funcionan a menudo como pequeños actos de *performance* doméstica y, por ello, la traducción debe mantener esa oralidad y picardía que los caracterizan. Cada poema ha exigido un equilibrio distinto entre rima, ritmo y tono: entre el respeto por la literalidad y la necesidad de inventar un equivalente en español. Traducir a Austen significa aceptar la invitación a un juego donde inteligencia, sátira y sensibilidad pueden llegar a confundirse. El acercamiento traductológico que esta edición deja ver parte de la convicción de que traducir poesía no es reproducir un original, sino participar en un acto creativo compartido. La traducción se convierte aquí en una forma de complicidad: una lectura e interpretación activa que busca mantener la ligereza sin perder la precisión, el humor sin diluir la ironía. Cada verso traducido es, en última instancia, una apuesta por preservar el placer del lenguaje —ese juego inteligente y tierno que constituye la esencia misma de la voz poética de Jane Austen.

En suma, traducir estos versos ha supuesto un gesto de reconocimiento hacia esa dimensión artesanal de la poesía: una escritura que no busca la trascendencia, sino la compañía. En su aparente modestia, estos poemas contienen una poética de la atención, es decir, la capacidad de mirar lo cotidiano con inteligencia, donosura y gratitud. Del proceso nos queda la convicción de que toda traducción es una forma de escucha atenta; una manera de entender y verter la voz ajena, haciéndola resonar para otros. Si estos poemas logran mantener viva esa resonancia, damos por cumplido nuestro propósito.

Hasta hoy, sus versos permanecían inéditos en traducción. Que lleguen ahora al lector en lengua española no solo amplía el mapa de la obra de Jane Austen, sino que inaugura la recepción de sus versos en nuestro idioma, restituyendo una dimensión fundamental de su sensibilidad artística. Esta publicación constituye, por tanto, el primer intento de ofrecer una lectura integral y bilingüe de su poesía. En el 250 aniversario de su nacimiento, su voz lírica resuena por fin en nuestra lengua como lo que siempre fue: un testimonio de ingenio, gracia y humanidad.

SOFÍA MONZÓN RODRÍGUEZ
Doctora en Literatura Comparada y Traducción,
poeta y traductora

SONGS AND VERSES
FROM THE JUVENILIA

Jane Austen's early writings, begun when she was about thirteen, were collected by her in three notebooks which she called Volume the First, Volume the Second and Volume the Third. Several of these pieces, which at once reflect and parody the fiction and plays that the family read, contain short verses.

CANCIONES Y VERSOS
DE JUVENTUD

Los primeros escritos de Jane Austen se remontan a sus trece años y fueron recopilados por ella misma en tres cuadernos que titularía "Volumen primero", "Volumen segundo" y "Volumen tercero". Varias de estas piezas, las cuales reflejan y parodian las obras de ficción y de teatro que solía leer con su familia, contienen versos breves.

SONG

That Damon was in love with me
I once thought & beleiv'd
But now that he is not I see,
I fear I was deceiv'd.

CANCIÓN

Una vez creí
que Damón me amaba.
Ahora que veo que no es así,
siento que fui engañada.

EPITAPH

Here lies our friend who having promis-ed
That unto two she would be marri-ed
Threw her sweet Body & her lovely face
Into the Stream that runs thro' Portland Place.

EPITAFIO

Aquí yace nuestra amiga que un día prometió
que hasta con dos se desposaría.
Al final tiró su hermoso cuerpo y semblante
al arroyo que cruza Portland Place por delante.

SONG

When Corydon went to the fair
He bought a red ribbon for Bess,
With which she encircled her hair
& made herself look very fess.

CANCIÓN

Cuando Coridón fue a la feria
compró una cinta roja para Bella.
Ella lo ató sobre su cabellera
y logró verse muy esbelta.

SONG

Though misfortunes my footsteps maye ver attend
I hope I shall never have need of a Freind
as an innocent Heart I will ever preserve
and will never from Virtue's dear boundaries swerve.

CANCIÓN

Aunque las desgracias me sigan por doquier,
espero no precisar nunca un amigo.
Cual corazón inocente me sabré mantener,
sin desviarme de la virtud y su camino.

SONG

Chloe]   I go to Town
             And when I come down,
             I shall be married to Stree-phon
             And that to me will be fun.

Chorus]   Be fun, be fun, be fun,
             And that to me will be fun.

CANCIÓN

Cloe]   Al pueblo ya me marcho
y cuando haya llegado,
con Estefón me habré casado
y para mí será divertido.

Coro]   ¡Divertido, divertido!
¡Para mí será divertido!

SONG

Chloe]   I am going to have my dinner,
After which I shan't be thinner.
I wish I had here Strephon
For he would carve the partridge if it
     should be a tough one.

Chorus]   Tough one, tough one, touch one,
For he would carve the partridge if it
     should be a tough one.

CANCIÓN

Cloe]   Me voy a tomar la cena,
          y al terminar no estaré seca.
          Ojalá estuviera aquí Estefón
          para partir la perdiz
          si al final no está tierna.

Coro]   ¡Tierna, tierna, tierna!
          ¡Para partir la perdiz
          si al final no está tierna!

POEMS OF ADULTHOOD
(1792-1817)

POEMAS DE MADUREZ
(1792-1817)

ODE TO PITY

*To Miss Austen, the following Ode to Pity is dedicated, from a
thorough knowledge of her pitiful Nature,
by her obedt humle Servt, the author.*

1

Ever musing I delight to tread
    The Paths of honour and the Myrtle Grove
Whilst the pale Moon her beams doth shed
    On disappointed Love.
While Philomel on airy hawthorn Bush
    Sings sweet & Melancholy, And the thrush
Converses with the Dove.

2

Gently brawling down the turnpike road,
    Sweetly noisy falls the Silent Stream —
The Moon emerges from behind a Cloud
    And darts upon the Myrtle Grove her beam.
Ah! then wat Lovely Scenes appear,
    The hut, the Cot, the Grot, & Chapel queer,
And eke the Abbey too a mouldering heap,
    Conceal'd by aged pines her head doth rear
And quite invisible doth take a peep.

ODA A LA COMPASIÓN

Oda dedicada a la señorita Austen, con pleno conocimiento de
su compasiva y sentimental naturaleza,
de su obediente y humilde servidora, la autora.

1

Eternamente meditando me deleito en pisar
    los senderos del honor y el mirto arbolado,
mientras la pálida luna proyecta su brillar
    sobre un amor desilusionado.
En tanto, Filomela en etérea rama de espino
    canta dulce melancolía, y el mirlo
y la paloma empiezan a conversar.

2

Ligera por el camino real bajando,
    dulce y bulliciosa cae la corriente con sigilo.
La luna emerge entre lo nublado
    y al mirto arbolado su rayo lanza.
¡Oh, qué hermosas escenas afloran,
    choza, cabaña, gruta y capilla extrañas!
Incluso en la abadía, montón de ruinas antiguas,
    oculta entre viejos pinos su cabeza asoma
y, casi invisible, con disimulo mira.

'THIS LITTLE BAG'

*In January 1792 Mary Lloyd left Deane, the neighbouring
parish to Steventon, when her family, who had rented the
parsonage from Mr Austen, moved some sixteen miles away
to Ibthorpe. Making her a present of a cotton 'housewife', or
needlework bag, Jane Austen sent these verses to accompany it.*

This Little bag I hope will prove
 To be not vainly made.
For, it you thread & needle want
 It will afford you aid.

And as we are about to part
 T'will serve another end,
For when you look upon the Bag
 You'll recollect your Freind.

Jan:1792

«ESTA BOLSITA»

*En enero de 1792, Mary Lloyd se marchó de Deane, el
municipio cercano a Steventon, cuando su familia, que había
alquilado la casa parroquial al señor Austen, se trasladó a
Ibthorpe a unas dieciséis millas de distancia. Como obsequio de
despedida, Jane Austen le regaló una bolsita de algodón para la
costura que ella misma hizo, acompañada de estos versos.*

Espero que esta bolsita
no sea hecha en vano.
Si te faltara aguja o hilo,
esta te tenderá la mano.

Y como ya nos separamos
te dará también otro servicio,
pues al mirarla recordarás
la amistad que hemos compartido.

Enero, 1792

LINES WRITTEN BY JANE AUSTEN FOR THE AMUSEMENT OF A NIECE,

(afterwards Lady Knatchbull) on the arrival of Capt & Mrs Austen at Godmersham Park after their marriage July 1806

Francis Austen married Mary Gibson at Ramstage on 24 July 1806; Jane Austen sent these verses from Clifton to her niece Fanny at Godmersham, where the couple were to spend the honeymoon.

See they come, post haste from Thanet,
  Lovely couple, side by side;
They've left behind them Richard Kennet
  With the Parents of the Bride!

Canterbury they have passed through;
  Next succeeded Stamford-bridge;
Chilham village they came fast through;
  Now they've mounted yonder ridge.

Down the hill they're swift proceeding,
  Now they skirt the Park around;
Lo! the Cattle sweetly feeding,
  Scamper, startled, at the sound!

Run, my Brothers, to the Pier gate!
  Throw it open, very wide!
Let it not be said that we're late
In welcoming my Uncle's Bride!

VERSOS ESCRITOS POR JANE AUSTEN PARA DIVERTIR A SU SOBRINA,

(la futura Lady Knatchbull) con motivo de la llegada del Capitán y la Sra. Austen a Godmersham Park, después de su boda en julio de 1806

Francis Austen se casó con Mary Gibson en Ramsgate el 24 de julio de 1806. Jane Austen envió estos versos desde Clifton a su sobrina Fanny en Godmersham, donde los recién casados pasarían la luna de miel.

Miradlos llegar a toda prisa desde Thanet,
    preciosa pareja, él al lado de ella;
¡se han dejado atrás a Richard Kennet
    con los padres de la casadera!

Por Canterbury ya pasaron,
    cruzaron Stamford-Bridge
y la aldea de Chilham muy rápido;
    ¡acaban de coronar el cerro de por allí!

Bajan el monte con presteza,
    bordeando el parque van.
Las vacas que pastaban con dulzura,
    ¡ahora se alborotan con su presencia!

¡Corred, hermanos, hacia la gran verja!
    ¡Abridla de par en par!
¡Que no se diga que llegamos tarde
    a recibir a la esposa de mi tío!

To the house the chaise advances;
    Now it stops — They're here, they're here!
How d'ye do, my Uncle Francis?
    How does do your Lady dear?

Hacia la casa el coche avanza
y ahora se detiene —¡ya están aquí!
¿Cómo está usted, tío Francis?
¿Cómo está usted, querida tía?

'OH! MR BEST,
YOU'RE VERY BAD'

From this poem, which is addressed 'To Martha', it is apparent that Martha Lloyd had hoped that a certain Mr Best would escort her on a visit to Harrogate; his lack of gallantry is teasingly rebuked, and of course his name is a godsend.

Oh! Mr. Best, you're very bad
    And all the world shall know it;
Your base behaviour shall be sung
    By me, a tuneful Poet. —

You used to go to Harrowgate
    Each summer as it came,
And why I pray should you refuse
    To go this year the same? —

The way's as plain, the road's as smooth,
    The Posting not increased;
You're scarcely stouter tan you were,
    Not younger Sir at least. —

If e'er the waters of use
    Why now their use forego?
You may not live another year,
    All's mortal here below. —

«OH, MÍSTER BEST, QUÉ MALO ES USTED»

De este poema, dedicado a Martha, se deduce que Martha Lloyd tenía esperanzas de que un tal "Míster Best" la acompañara durante su viaje a Harrogate. Su falta de galantería queda aquí retratada, siendo su apellido ideal para esta divertida reprimenda.

Oh, Míster Best, ¡qué malo es usted!
    Y todo el mundo lo sabrá pronto;
su innoble conducta cantaré
    yo, poetisa de buen tono.

Solía ir a Harrowgate[1]
    cada verano sin falta alguna,
y, ¿por qué, dígame, ha de negarse
    a ir este año como acostumbra?

El camino igual de llano, la senda igual de lisa,
    el precio de postas no ha subido;
apenas está usted más fornido
    y, desde luego, no más joven, querido.

Si las aguas le venían de maravilla,
    ¿por qué a ellas ahora renuncia?
Puede que no viva otro año más;
    el hombre aquí no es sino mortal.

---

1. *Nota de la traductora: Harrowgate es la versión antigua de Harrogate, ciudad inglesa del Condado de Yorkshire del Norte. Austen incluye ambas grafías en el mismo poema.*

It is your duty Mr. Best
　　To give your health repair.
Vain else your Richard's pills will be,
　　And vain your Consort's care.

But yet a nobler Duty calls
　　You now towards the North.
Arise ennobled — as Escort
　　Of Martha Lloyd stand forth.

She wants your aid — she honours you
　　With a distinguish'd call.
Stand forth to be the friend of her
　　Who is the friend of all. —

Take her, & wonder at your luck,
　　In having such a Trust.
Her converse sensible & sweet
　　Will banish heat & dust. —

So short she'll make the journey seem
　　You'll bid the Chaise stand still.
T'will be like driving at full speed
　　From Newb'ry to Speen Hill. —

Convey her safe to Morton's wife
　　And I'll forget the past,
And write some verses in your praise
　　As fineyly & as fast.

Es su deber, Míster Best,
tener su salud a buen recaudo;
o vanas serán las píldoras de Ricardo,
y el cuidado de su señora también vano.

Pero un deber más noble lo llama
ahora hacia el norte.
Preséntese con honor y gallardía
para ser de Martha Lloyd compañía.

Ella requiere su ayuda —lo honra
con una invitación distinguida.
Preséntese y hágase amigo de ella
que por todos es querida.

Tómela y maravíllese de su suerte
por tener tan grata confidente.
Su conversar dulce y prudente,
ahuyentará todo mal de su mente.

Tan corto se le hará el viaje con ella
que mandará al coche parar.
Será como a todo galope
de Newbury a Speen Hill trotar.

Llévela sana y salva a la mujer de Morton,
así yo me olvidaré de su pasado
y escribiré versos alabándolo,
—lo haré tan veloz como exacto.

But if you still refuse to go
   I'll never let you rest,
But haunt you with reproachful song
   Oh! wicked Mr. Best! —

J. A.
Clifton 1806

Pero si se niega a acompañarla
   jamás le dejaré en paz;
le atormentaré con cantos de reproche,
   ¡oh, malvado Míster Best!

J. A.
Clifton 1806

ON SIR HOME POPHAM'S SENTENCE —
APRIL 1807

*The naval commander Sir Home Riggs Popham was severely
reprimanded in March 1807 for having withdrawn his
squadron without orders from the Cape of Goof Hope.*

Of a Ministry pitiful, angry, mean,
A Gallant Commander the victim is seen;
For Promptitude, Vigour, Success, does he stand
Condemn'd to receive a severe reprimand!
To his Foes I could wish a resemblance in fate;
That they too may suffer themselves soon or late
The Injustice they warrant — but vain is my Spite,
They cannot *so* suffer, who never do right. —

SOBRE LA SENTENCIA DE SIR HOME
POPHAM. ABRIL DE 1807

*El comandante naval Sir Home Riggs Popham recibió una dura
reprimenda en marzo de 1807 por retirar su escuadrón del Cabo
de Buena Esperanza sin haber recibido órdenes para tal fin.*

De un Ministerio deplorable, enojado y mezquino
se encuentra víctima un valiente comandante marino.
¡Por su presura, vigor y atino se enfrenta
condenado a recibir una dura reprimenda!
A sus enemigos les deseo la misma suerte;
que sufran ellos mismos cuando el tiempo les llegue
la injusticia que ahora causan —¡oh, vano despecho!
No puede sufrir de tal modo, quien el bien no ha hecho.

TO MISS BIGG

previous to her marriage, with some pocket handfs
I had hemmed for her. —

Cambrick! with grateful blessings would I pay
  The pleasure given me in sweat employ;
Long may'st thou serve my friend without decay,
  And have no Tears to wipe, but Tears of joy!

A LA SEÑORITA BIGG

antes de su boda, con unos pañuelos a los que
yo misma les hice el dobladillo.

¡Lino! Con agradecidas bendiciones pagaría
  el placer que hallé en tan ardua labor.
¡Largo le sirvas a mi amiga sin que te desgaste el día,
  y que las lágrimas que limpies solo sean de satisfacción!

On the same occasion — but not sent. —

Cambrick! Thou'st been to me a Good,
And I would bless thee if I could.
Go, serve thy Mistress with delight,
Be small in compass, soft & white;
Enjoy thy fortune, honour'd much
To bear her name & feel her touch;
And that thy worth may last for years,
Slight be her Colds & few her Tears.—

Para la misma ocasión —pero no enviado—.

¡Lino! Has sido para mí un bien preciado
y te bendeciría si por mi fuera.
Ve, sirve a tu dueña con deleite,
sé pequeño, blanco, suave al tacto.
Disfruta tu fortuna, hónrate en demasía
de llevar su nombre y sentir su caricia.
Que tu servicio le dure por muchos años,
escasos sean sus catarros y menos aún sus llantos.

TO THE MEMORY OF MRS. LEFROY,

who died Dec: 16. — my Birthday. —
written 1808.

The day returns again, my natal day;
What mix'd emotions with the Thought arise!
Beloved friend, four years have pass'd away
Since thou wert snatch'd forever from our eyes.

The day, commemorative of my birth
Bestowing Life & Light & Hope on me,
Brings back the hour which was thy last on Earth.
Oh! bitter pang of torturing Memory!

Angelic Woman! past my power to praise
In Language meet, thy Talents, Temper, mind,
Thy solid Worth, thy captivating Grace! —
Thou friend & ornament of Humankind!

At Johnson's death, by Hamilton t'was said,
'Seek we a substitute — ah! vain the plan,
No second best remains to Johnson dead —
None can remind us even of the Man.'

So we of thee — unequall'd in thy race
Unequall'd thou, as he the first of Men.
Vainly we search around thy vacant place,
We ne'er may look upon thy like again.

A LA MEMORIA DE LA SRA. LEFROY,

que falleció un 16 de diciembre —el mismo día de mi
cumpleaños— escrito en 1808.

Regresa el día de mi natal jornada,
¡qué de emociones me acontecen al pensarlo!
Amiga querida, cuatro años han pasado
desde que te arrebataron de nuestra vista.

El día que conmemora mi nacimiento,
otorgándome vida, luz y anhelo, trae
consigo la hora que fue tu última en la Tierra.
¡Oh, amarga punzada, tormentoso recuerdo!

¡Mujer angelical! Mi lengua no alcanza
a alabar tu talento, talente, tu mente,
tu sólida valía, tu cautivadora gracia!
¡Amiga y ornamento de toda gente!

Al morir Johnson, dijo Hamilton,
«busquemos un sustituto —¡ah, vano afán!
muerto Johnson, no queda un igual,
nadie que pueda recordarnos su humanidad».

Así también tú —inigualable en tu raza,
inigualable, como él lo fue entre los hombres.
En vano buscamos en el vacío que dejaste,
pues no volveremos a dar con alguien como tú.

Come then fond Fancy, thou indulgent Power, —
— Hope is desponding, chill, severe to thee! —
Bless thou, this little portion of an hour,
Let me behold her as she used to be.

I see her here, with all her smiles benign,
Her looks of eager Love, her accents sweet.
That voice & Countenance almost divine! —
Expression, Harmony, alike complete. —

I listen — 'tis not sound alone — 'tis sense,
'Tis Genius, Taste, & Tenderness of Soul.
'Tis genuine warmth of heart without pretence
And purity of Mind that crowns the whole.

She speaks; 'tis Eloquence — that grace of Tongue
So rare, so lovely! —Never misapplied
By *her* to palliate Vice, or deck a Wrong,
She speaks & reasons but on Virtue's side.

Her's is the Energy of Soul sincere.
Her Christian Spirit ignorant to feign,
Seeks but to comfort, heal, enlighten, chear,
Confer a pleasure, or prevent a pain. —

Can ought enhance such Goodness? — Yes, to me,
Her partial favour from my earliest years
Consummates all. — Ah! Give me yet to see
Her Smile of Love — the Vision disappears.

Ven a mí, dulce fantasía, indulgente poder.
¡La esperanza es severa, fría, desalentadora!
Bendice esta pequeña porción de una hora,
déjame contemplarla tal y como ella solía ser.

La veo aquí, con sus sonrisas benévolas,
su mirada de amor ávido, sus dulces cadencias.
¡Aquella voz y semblante casi divinos!
Expresión y armonía igual de perfectas.

Escucho —no es solo sonido— es sentido,
es genio, gusto, un alma afable.
La calidez genuina del corazón que no finge,
la pureza de mente que lo corona todo.

Ella habla y es elocuencia —¡la gracia de su lengua
tan rara, tan bella!— Nunca mal empleada
para excusar el vicio o adornar el error;
solo habla y razona del lado de la virtud.

La suya es la energía de un alma sincera.
Su espíritu cristiano, incapaz de fingir,
busca consolar, sanar, iluminar, animar,
dar gusto o el dolor prevenir.

¿Acaso se puede mejorar tanta bondad? —Sí,
para mí, su cariño desde mis primeros días
lo consuma todo. —Oh, concédeme aún ver
su sonrisa de amor— la visión se extravía.

'Tis past & gone — We meet no more below.
Short is the Cheat of Fancy o'er the Tomb.
Oh! might I hope to equal Bliss to go!
To meet thee Angel! in thy future home!

Fain would I feel an union in thy fate,
Fain would I seek to draw an Omen fair
From this connection in our Earthly date.
Indulge the harmless weakness — Reason, spare. —

Pasó, se fue —no volveremos a vernos aquí abajo.
Breve es el engaño de la fantasía sobre la tumba.
¡Oh, si pudiera yo esperar igual dicha!
¡Encontrarme contigo, Ángel, en tu morada futura!

Quisiera sentir unión en tu destino.
Quisiera hallar un presagio benigno
en la coincidencia de nuestras fechas.
Permite esta inocua debilidad —Razón, líbrame.

'ALAS! POOR BRAG,
THOU BOASTFUL GAME!'

The 'speaker' is the card game speculation, who commiserates with another game, brag, on their having not been played over Christmas at Godmersham.

'Alas! poor Brag, thou boastful Game! — What now avails
    thine empty name?
Where now thy more distinguish'd fame? — My day is o'er,
    & Thine the same. —
For thou like me art thrown aside, At Godmersham, this
    Christmas Tide;
And now across the Table wide, Each Game, save Brag or
    Spec: is tried.' —
'Such is the mild Ejaculation, Of tender hearted
    Speculation! —

«¡AY, POBRE FAROL, JUEGO FANFARRÓN!»

El "hablante" es el juego de cartas conocido como Especulación, que se lamenta con Farol, otro famoso juego, porque no han jugado con ellos durante las Navidades en Godmersham.

«¡Ay, pobre Farol, juego fanfarrón! —¿De qué sirve ahora
    tu nombre mudo y ciego?
¿Dónde quedó tu distinguido anhelo? —Mi día pasó
    y el tuyo quedó en el recuerdo.
Pues tanto a ti como a mí nos han condenado estas Navidades
    en Godmersham al pasado.
Ahora sobre el ancho del tablero cualquier juego salvo el Farol
    o la Especulación tienen hueco».
«Tal es la leve exclamación de la tierna
    Especulación».

'MY DEAREST FRANK'

*Francis William, the second child and eldest son of Francis and
Mary Austen, was born on 12 July at Rose Cottage, outside
Alton, while his father, in command of the St Albans, was
convoying East Indiamen to China.*

Copy of a letter to Frank, July 26. 1809.

My dearest Frank, I wish you joy
Of Mary's safety with a boy,
Whose birth has given little pain,
Compared with that of Mary Jane.
May he a growing Blessing prove,
And well deserve his Parents Love!
Endow'd with Art's & Nature's Good,
Thy name possessing with thy Blood;
In him, in all his ways, may we
Another Francis William see! —

Thy infant days may he inherit,
Thy warmth, nay insolence of spirit; —
We would not with one fault dispense
To weaken the resemblance.
May he revive thy Nursery sin,
Peeping as daringly within,
(His curley Locks but just descried)
With, 'Bet, my be not come to bide.'
Fearless of danger, braving pain,
And threaten'd very oft in pain
Still may one Terror daunt his soul,

«MI QUERIDÍSIMO FRANK»

Francis William, segundo hijo de Francis y Mary Austen y el mayor de los varones, nació el 12 de julio en Rose Cottage, en las afueras de Alton, mientras su padre, que estaba al mando del San Albans, escoltaba barcos de la Compañía de las Indias Orientales rumbo a China.

Copia de una carta para Frank, 26 de julio de 1809.

Mi queridísimo Frank, te deseo todo el gozo
pues Mary está a salvo con su retoño,
cuyo nacimiento trajo muy poca agonía
si se compara con el de Mary Jane.
¡Ruego que sea duradera bendición
y que bien merezca vuestra devoción!
Dotado de lo bueno de la naturaleza y el arte,
llevando tu nombre y tu linaje;
¡que en él y en todo su ser, podamos
a otro Francis William ver!

Que herede tus días de infancia,
tu ímpetu y hasta tu espíritu insolente;
no querríamos quitar ni una sola falta
que haga que el mínimo parecido se ausente.
Que reviva tu travesura infantil,
asomándose con la misma audacia
(sus rizos ya casi se distinguen)
con un pícaro, «¡que no me quedo, eh!»
Sin miedo al peligro, valiente al dolor,
a menudo amenazado en vano;

One needful engine of controul
Be found in this sublime array,
A neighbouring Donkey's aweful Bray!—
So may his equal faults as Child
Produce Maturity as mild.
His saucy words & fiery ways
In early Childhood's pettish days
In Manhood shew his Father's mind,
Like him considerate & kind;
All Gentleness to those around,
And eager only not to wound.

Then like his Father too, he must,
To his own former struggles just,
Feel his Deserts with honest Glow,
And all his self-improvement know. —
A native fault may thus give birth
To the best blessing, conscious worth. —

As for ourselves, we're very well,
As unaffected prose will tell
Cassandra's pen will give our state
The many comforts that await
Our Chawton home — how much we find
Already in it, to our mind,
And how convinced that when complete,
It will all other Houses beat
That ever have been made or mended,
With rooms concise, or rooms distended.
You'll find us very snug next year;

que solo un terror amedrente su alma
y una herramienta de control necesaria
se halle en esta sublime formación:
¡el temible rebuzno de un burro cercano!
Y que sus mismas faltas de niño
produzcan una madurez tan serena.
Sus palabras traviesas y la fogosidad
caprichosa de la niñez temprana
en la adultez mostrarán la mente paterna:
como él, considerado y amable,
con todos siempre gentil
y deseoso de nunca herir.

Como su padre también habrá de sentir
—fiel a sus luchas pasadas—
sus méritos con honesto ardor
para conocer el poder de la superación.
Una falta inherente puede así engendrar:
la mayor bendición, la conciencia del valor.

En cuanto a nosotras, estamos muy bien,
como la prosa que sigue dará fe.
La pluma de Cassandra te dirá
los muchos consuelos que aguardan
en nuestro hogar en Chawton —cuánto
hay ya en él de nuestro agrado,
y cuán seguras estamos de que al final
superará a todas las otras casas
en las que hemos vivido o arreglado,
con cuartos concisos o desahogados.
Nos hallarás muy cómodas el próximo año,

Perhaps with Charles & Fanny near —
For now it often does delight us
To fancy them just over-right us.

J.A.

tal vez con Charles y Fanny en el vecindario.
Pero por ahora nos deleitamos
imaginándolos justo al otro lado.

J.A.

'IN MEASURED VERSE'

In the **Memoir,** *the only source for this poem, we are told that Jane Austen 'once?.. took it into her head to write the following mock panegyric on a young friend, who really was clever and handsome'. The 'young friend' is her niece Anna.*

In measured verse I'll now rehearse
  The charms of lovely Anna:
And, first, her mind is unconfined
  Like any vast savannah.

Ontario's lake may fitly speak
  Her fancy's ample bound:
Its circuit may, on strict survey
  Five hundred miles be found.

Her wit descends on foes and friends
  Like famed Niagara's Fall;
And travellers gaze in wild amaze,
  And listen, one and all.

Her judgment sound, thick, black, profound,
  Like transatlantic groves,
Dispenses aid, and friendly shade
  To all that in it roves.

If thus her mind to be defined
  America exhausts,

«EN VERSO MEDIDO»

En A Memoir of Jane Austen[2], única fuente de este poema, se nos dice que a Jane Austen «una vez... se le ocurrió escribir la siguiente parodia panegírica sobre una joven amiga, la cual era realmente inteligente y hermosa». Esa "joven amiga" es su sobrina Anna.

En verso medido voy a enumerar
los encantos de la amable Anna:
primero, su mente no tiene confín
cual inmensa sabana.

El lago Ontario bien puede decir
los límites de su amplia fantasía:
su extensión, bajo estricta medida,
quinientas millas mediría.

Su ingenio cae sobre amigos y rivales
como las famosas Cataratas del Niágara,
y los viajeros con ellas se maravillan
y todos sin excepción se distraen.

Su juicio sensato, espeso y sombreado,
cual bosque transatlántico,
brinda grata sombra y amparo
a cualquiera que en él divaga.

Y si al describir su mente

---

2. *Nota de la T.: Referencia a la obra* A Memoir of Jane Austen *(1775-1817), biografía de la autora que su sobrino James Edward Austen-Leigh publicó en 1869.*

And all that's grand in that great land
In similes it costs —

Oh how can I her person try
To image and portray?
How paint the face, the form how trace
In which those virtues lay?

Another world must be unfurled,
Another language known,
Ere tongue or sound can publish round
Her charms of flesh and bone.

América se me agota
y todo lo ingente de tan gran continente
en símiles se derrocha,

¿cómo he de hacer
para imaginarla y pintarla?
¿Cómo trazar su rostro y figura
que a tales virtudes dieron forma?

Otro mundo habrá que crear,
otra lengua descifrar,
antes de que palabra o boca puedan
sus dones de carne y hueso pregonar.

'I'VE A PAIN IN MY HEAD'

In February 1811 Jane Austen went into Alton with Maria Beckford, sister-in-law of Edward Austen Knight's tenant at Chawton Great House, John Charles Middleton; Miss Beckford consulted Mr Newnham the apothecary about some 'old complaint' and this verse is supposedly their conversation 'as it actually took place'

'I've a pain in my head'
Said the suffering Beckford
To her Doctor so dread.
'Ah! what shall I take for't.'

Said her Doctor so dread,
Whose name it was Newnham.
'For this pain in your head,
Ah! What can you do Ma'am?'

Said Miss Beckford,'Suppose
If you think there's no risk,
I take a good Dose
Of Calomel brisk.'

'What a praise-worthy notion!'
Replied Mr Newnham
'You shall have such a potion,
And so will I too Ma'am.'

[Jane Austen]

«ME DUELE LA CABEZA»

*En febrero de 1811, Jane Austen fue a Alton con Maria
Beckford, cuñada del inquilino de Edward Austen Knight que
vivía en su casa de Chawton, un tal John Charles Middleton.
La señorita Beckford acudió al boticario, el señor Newnham,
por una "antigua dolencia" y estos versos vienen a reproducir la
conversación "tal y como ocurrió".*

«Me duele la cabeza»,
dijo la pobre Beckford
a su doctor tan temido.
«¿Qué puedo tomar de remedio?»

Dijo el doctor tan temido,
Newnham, de la botica dueño:
«Para su dolor de cabeza,
a ver, señora, ¿qué hacemos?»

Dijo la señorita Beckford:
«Supongamos, si no ve riesgo,
que me tomo una buena dosis
de calomelano purgativo».

«¡Qué noción tan encomiable!»
el señor Newnham respondió.
«Se tomará usted la poción
¡y también me la tomaré yo!»

[Jane Austen]

ON THE MARRIAGE OF MR GELL OF EAST BOURN TO MISS GILL. —

A chance reading of a newspaper announcement of the
marriage of this happily named couple prompted a piece of
wordplay characteristic of the Austen family

Of Eastbourn, Mr. Gell
    From being perfectly well
Became dreadfully ill
    For the Love of Miss Gill.

So he said with some sighs
    I'm the slave of your i.s
Ah! restore if you please
    By accepting my e.s. —

A PROPÓSITO DEL MATRIMONIO DEL SR. GELL DE EAST BOURN CON LA SRTA. GILL

La casual lectura de un anuncio de periódico sobre el enlace matrimonial de esta feliz pareja inspiró el siguiente juego de palabras característico en la familia Austen.

De Eastbourne el Sr. Gell
   que estaba perfectamente bien
cayó gravemente enfermo
   por el amor de la Srta. Gill.

Y le dijo con leve suspiro:
   «Soy esclavo de tus ojos,
devuélveme, te imploro, el gozo,
   aceptando ahora mi reposo».

'BETWEEN SESSION & SESSION'

Writing from Chawton to Cassandra at Godmersham on 30 April 1811, Jane Austen sent a message to her brother Edward, on the subject of the failure of a parliamentary bill in which it had been proposed to join the rivers Medway and Rother. Perhaps sensing the financial threat to toll roads posed by such new, ambitious schemes, or possibly merely out of a concern to preserve the countryside from industrialisation, he had opposed it. 'I congratulate Edward', she wrote, 'on the Weald of Kent Canal-Bill being put off till another Session, as I have just had the pleasure of reading. There is always something to be hoped for from Delay.'

'Between Session & Session'   'And the villainous Bill'

'The first Prepossession'   'May be forced to lie still''

'May rouse up the Nation'   'Against Wicked Men's will.'

«ENTRE SESIÓN Y SESIÓN»

En una carta escrita en Chawton a Cassandra en Godmersham el 30 de abril de 1811, Jane Austen envió un mensaje a su hermano Edward sobre el fracaso de un proyecto de ley del parlamento que proponía unir los ríos Medway y Rother. Intuyendo la amenaza financiera que tan ambicioso proyecto supondría para los caminos, o quizás simplemente debido a su preocupación por proteger el campo de la industrialización, él se había opuesto al proyecto. "Felicito a Edwar", escribió, "porque el proyecto de ley del Canal de Weald de Kent se ha pospuesto para otra sesión, tal y como acabo justamente de leer. Siempre puede uno esperar algo de la demora".

«Entre sesión y sesión,

la primera preocupación

puede levantar a la nación

y el villano proyecto

podrá verse obligado a
permanecer quieto

contra la voluntad de
infames sujetos».

'WHEN STRETCH'D ON ONE'S BED'

The date shows this to have been written by Jane Austen three days before the appearance of her first published novel, Sense and Sensibility, *which had originally been due out, at her own expense, in May; frustration over the delay, or anxiety as to any financial loss, may well have contributed to the occasional 'fierce-throbbing head'.*

When stretch' d on one's bed
 With a fierce-throbbing head
Which precludes alike Thought or Repose,
  How little one cares
  For the grandest affairs
That may busy the world as it goes! —

 How little one feels
 For the Waltzes & reels
Of our dance-loving friends at a Ball!

 How slight one's concern
 To conjecture or learn
What their flounces or hearts may befall.

 How little one minds
 If a company dines
On the best that the Season affords!
  How short is one's muse
  O'er the Sauces & Stews,
Or the Guests, be they Beggars or Lords! —

«CUANDO YACES TENDIDA EN LA CAMA»

La fecha indica que Jane Austen escribió este poema tres días antes de la aparición de su primera novela publicada, Sense and Sensibility *(Sentido y sensibilidad[3]), la cual debía de haber salido en mayo financiada por ella misma. La propia frustración por la demora o la ansiedad por una posible pérdida financiera bien pudieron haber contribuido al ocasional dolor de cabeza.*

Cuando yaces tendida en la cama
con la cabeza que casi te estalla
sin poder pensar ni reposar,
¡qué poco importan
los más grandiosos asuntos
que ocupan al mundo en su marcha!

¡Qué poco se siente
por los valses, giros y vueltas
de los amigos que bailan en los salones!

Qué escaso interés
por conjeturar o saber
qué les aguarda en sus ropas o corazones.

¡Qué poco concierne
que los invitados cenen
lo mejor de la campaña!
¡Qué breve la musa
sobre salsas y estofados,

---

3. *Nota de la T.: También en traducciones al español con los siguientes títulos:* Sentido y sensibilidad, Juicio y sentimiento, Sensatez y sentimientos, Sensatez y sensibilidad *o* Hacia la dicha por la senda del amor.

How little the Bells,
Ring they Peels, toll they Knells
Can attract our attention or Ears!
The Bride may be married,
The Corse may be carried,
And touch nor our hopes nor our fears.

Our own bodily pains
Ev'ry faculty chains;
We can feel on no subject beside.
'Tis in health & in Ease
We the Power must seize
For our friends & our souls to provide.

Oct 27. 1811.
J.A

o los comensales —pobres o nobles!
    ¡Qué poco las campanas,
    ya repiquen o doblen a muerto,
logran captar nuestra atención!
    Que la novia se case,
    que al féretro alcen,
no moverán ni esperanza ni temor.

Nuestros males del cuerpo
    toda facultad encadenan;
nada podemos sentir más allá.
    Es con salud y alivio
    cuando debemos cuidar
al amigo y a nuestra alma.

27 de octubre, 1811
J.A

ON THE MARRIAGE OF MISS CAMILLA WALLOP & THE REVD [HENRY] WAKE

This verse, clearly inspired by the opportunity for both a pun and a characteristically pointed jibe at an amusingly unromantic romantic match, refers to the engagement of a middle-aged lady, Miss Urania Katharine Camilla Wallop, niece of the 2nd Earl of Portsmouth, to an elderly curate, the Revd Henry Wake. They were later married at All Saints, Southampton, 26 March 1813.

Camilla, good humoured, & merry, & small
For a Husband was at her last stake;
And having in vain danced at many a Ball
Is now happy to jump at a Wake.

Jane Austen

A PROPÓSITO DEL MATRIMONIO DE LA SEÑORITA CAMILLA WALLOP Y EL REVERENDO [HENRY] WAKE

Este poema, claramente inspirado por la oportunidad de crear tanto un juego de palabras como una pequeña mofa sobre un romance poco romántico, hace referencia al compromiso de una mujer de mediana edad, la señorita Urania Katharine Camilla Wallop —sobrina del segundo conde de Portsmouth— con un anciano ayudante de vicario, el reverendo Henry Wake. La pareja se unió en matrimonio en la Iglesia de Todos los Santos en Southampton, el 26 de marzo de 1813.

La jovial Camilla, alegre y menuda,
buscando esposo su última carta jugó;
y tras bailar en vano en más de una velada
hoy salta dichosa, ¡el viejo Wake cayó!

Jane Austen

WRITTEN AT WINCHESTER ON TUESDAY THE 15TH JULY 1817

These lines on the Winchester races were written three days before Jane Austen's death. 15 July is St Swithun's Day.

When Winchester races first took their beginning
It is said the good people forgot their old Saint
Not applying at all for the leave of St Swithin
And that William of Wykham's approval was faint.

The races however were fix'd and determin' d
The company met & the weather was charming
The Lords & the Ladies were sattin'd & ermin' d
And nobody saw any future alarming.

But when the old Saint was informed of these doings
He made but one spring from his shrine to the roof
Of the Palace which now lies so sadly in ruins
And thus he address'd them all standing aloof.

Oh, subjects rebellious, Oh Venta depraved
When once we are buried you think we are dead
But behold me Immortal. — By vice you're enslaved
You have sinn'd & must suffer. — Then further he said

These races & revels & dissolute measures
With which you're debasing a neighbouring Plain
Let them stand — you shall meet with your curse in your pleasures
Set off for your course, I'll pursue with my rain,

POEMA ESCRITO EN WINCHESTER, UN MARTES 15 DE JULIO DE 1817

Jane escribió estos versos sobre las carreras de Winchester tres días antes de su muerte. El 15 de julio es el día de San Suituno de Winchester.

Cuando en Winchester dieron las carreras inicio,
se dice que el buen pueblo olvidó su compromiso;
no pidieron a San Suituno amparo o permiso
y Guillermo de Wykham lo juzgó con escaso juicio.

Las carreras, empero, siguieron el plan decidido,
acudió la concurrencia pues el tiempo era benigno;
lores y damas vestían de raso y armiño
y no presagió nadie ningún mal designio.

Mas cuando el viejo santo supo lo ocurrido,
dio un salto desde su altar hasta el techo
del palacio que hoy yace en ruina y olvido,
y dirigiéndose a ellos, les dijo satisfecho:

«¡Oh, pueblo rebelde! ¡Oh, Venta depravada!
¿Creéis que enterrando a un santo ya ha perecido?
¡Contempladme inmortal! Sois esclavos del vicio
y por vuestros pecados recibiréis gran castigo!

Seguid con vuestras carreras y medidas disolutas
con las que mancilláis campos y explanadas
mas en medio del gozo hallaréis vuestro castigo,
corred hacia el abismo que con lluvia os persigo.

Ye cannot but know my command o'er July,
Henceforward I'll triumph in shewing my powers,
Shift your race as you will it shall never be dry
The curse upon Venta is July in showers.

J.A.

¿Ignorabais que en julio mi mandato impera?
En adelante triunfaré mostrando mi fuerza entera.
Aunque cambiéis las carreras, no habrá un día seco:
la maldición sobre Venta[4] serán lluvias sin sosiego.»

J.A.

---

4. *Nota de la T.: Venta, de Venta Belgarum ("Mercado belga"), es el nombre que los romanos dieron a la ciudad de Winchester. Un guiño erudito que Austen recupera con su habitual ironía histórica.*

RIDDLES

The attributions were added to the MS in pencil, possibly, in view of the use of the Christian name alone, by either Cassandra or one of her brothers.

ADIVINANZAS

Las atribuciones se añadieron al manuscrito a lápiz, habida cuenta de los nombres de nacimiento, posiblemente a manos de Cassandra o de alguno de sus hermanos.

[1]

When my 1st is a task to a young girl of spirit
And my second confines her to finish the piece
How hard is her fate! but how great is her merit
If by taking my whole she effect her release!

Jane

[2]

Divided, I'm a Gentleman
In public Deeds & Powers
United, I'm a Man who oft
That Gentleman devours.

Jane

[3]

You may lie on my first, by the side of a stream,
And my second compose to the Nymph you adore
But if when you've none of my whole her esteem
And affection diminish, think of her no more.

Jane

[1]

Cuando mi primera parte es tarea para una joven animosa
y mi segunda la confina hasta terminar la labor,
¡duro es su destino, mas cuán virtuosa,
si al tomarme completa alcanza su liberación!

Jane

[2]

Dividido soy gente
en lo público y lo legal;
unido soy aquel que puede
a la gente devorar.

Jane

[3]

En mi primera parte puedes reposar a la orilla de un arroyo
y mi segunda puedes dedicársela a la ninfa que adoras,
mas si al acabarme ves que su estima y su afecto
se deterioran, mejor será que dejes de pensarla.

Jane[5]

---

5. *Nota de la T.: Las soluciones de las adivinanzas se muestran a continuación.*
[1] En inglés hemlock *(cicuta). [2] Agente, en inglés* agent; *esta es la única adivinanza cuya solución funciona de manera directa en ambas lenguas. [3] En inglés* banknote *(billete).*

CHARADE

This is Mr Elton's celebrated charade from Emma. *For Emma's laborious explanation of it to the puzzled Harriet, see vol. 1 ch.9 of that novel.*

To Miss —.
Charade.

My first displays the wealth and pomp of kings,
Lords of the earth! their luxury and ease.
Another view of man, my second brings,
Behold him there, the monarch of the seas!

But, ah! united, what reverse we have!
Man's boasted power and freedom, all are flown;
Lord of the earth and sea, he bends a slave,
And woman, lovely woman, reigns alone.

Thy ready wit the word will soon supply,
May its approval beam in that soft eye!

CHARADA

Esta es la famosa charada del Míster Elton en Emma. *Para referirse a la explicación elaborada que Emma le da a la perpleja de Harriet, véase volumen 1, capítulo 9 de la novela*[6].

A la señorita —.
Charada.

Mi primera parte muestra la riqueza de la realeza,
señores de la tierra, con sus lujos y finezas.
Mi segunda del hombre otra faz nos revela,
¡contempladlo ahora, monarca de los mares!

Mas, ¡oh, unidas, que revés tenemos!
Del hombre el poder y la libertad se esfuman;
señor de tierras y mares, ahora siervo rendido
y la mujer, belleza pura, gobierna y consuma.

Tu agudo ingenio pronto hallará oratoria,
¡que en su suave mirada apruebe tu victoria!

---

6. *Nota de la T: La solución de esta última adivinanza es* courtship, *en inglés (cortejo).*

TWO MORE POEMS ATTRIBUTED
TO JANE AUSTEN

DOS POEMAS MÁS ATRIBUIDOS
A JANE AUSTEN

MISS LLOYD HAS NOW WENT
TO MISS GREEN

Jane wrote this poem to a dressmaker, Miss Green, on behalf of Martha Lloyd, whose mother had just died, requesting mourning garments.

Miss Lloyd has now sent to Miss Green,
As, on opening the box, may be seen,
Some years of a Black Ploughman's Gauze,
To be made up directly, because
Miss Lloyd must in mourning appear
For the death of a Relative dear —
Miss Lloyd must expect to receive
This license to mourn and to grieve,
Complete, ere the end of the week —
It is better to write than to speak.

LA SEÑORITA LLOYD HA IDO
YA DONDE LA SEÑORITA GREEN

Jane escribió este poema a una modista, la señorita Green, en nombre de Martha Lloyd, cuya madre acababa de fallecer, solicitando un atuendo de luto para su amiga.

La Srta. Lloyd ha mandado a la Srta. Green
—como al abrir la caja se puede percibir—
unas yardas de gasa negra luctuosa
para su confección pues es cosa forzosa
que la Srta. Lloyd vista de luto
por la muerte de un pariente absoluto.
La Srta. Lloyd por tanto espera recibir
esta licencia para poder llorar y sufrir
antes de que la semana llegue a su fin.
¡Ay, no es mejor hablar que escribir!

HAPPY THE LAB'RER

Happy the Lab'rer in his Sunday Clothes! —
In light-drab coat, smart waistcoat, well-darn'd Hose,
And hat upon his head to Church he goes; —
As oft with conscious pride he downward throws
A glance upon the ample Cabbage rose
Which stuck in Buttonhole regales his nose,
He envies not the gayest London Beaux. —
In Church he takes his seat among the rows,
Pays to the Place the reverence he owes,
Likes best the Prayers whose meaning least he knows,
Lists to the Sermon in a softening Doze,
And rouses joyous at the welcome close. —

DICHOSO EL TRABAJADOR

¡Dichoso el trabajador en su ropa de domingo!
Con medias zurcidas, elegante chaleco, fino abrigo,
y sombrero en la testa, de la iglesia va en camino.
Cuando tieso de orgullo baja la mirada
a la enorme rosa abullonada
que, prendida en su ojal a su nariz consiente,
no envidia al más feliz de los petimetres londinenses.
En la iglesia ocupa su sitio entre las filas,
rinde al lugar la reverencia debida,
prefiere oraciones que nunca ha comprendido,
escucha el sermón medio adormecido
y se despierta gozoso con el final bienvenido.

ÍNDICE